Impressum
Verlag: BABADADA GmbH, Nedderfeld 112 , 22529 Hamburg
Geschäftsführer / Verlagsleitung: Harald Hof
Druck: Books on Demand GmbH, In de Tarpen 42, 22848 Norderstedt

Imprint
Publisher: BABADADA GmbH, Nedderfeld 112 , 22529 Hamburg, Germany
Managing Director / Publishing direction: Harald Hof
Print: Books on Demand GmbH, In de Tarpen 42, 22848 Norderstedt

učionica
salle de classe

dijeliti
diviser

186/2

ploča
tableau noir

školsko dvorište
cour (de récréation)

učitelj
professeur

papir
papier

pisati
écrire

kemijska olovka
stylo

pisaći stol
bureau

ravnalo
règle

knjiga
livre

učenik
élève

torba
cartable

pernica
trousse

grafitna olovka
crayon

šiljilo za olovke
taille-crayon

gumica za brisanje
gomme

blok za crtanje
carnet à dessin

crtež

dessin

kist

pinceau

kutija s bojama

boîte de peinture

makaze

ciseaux

ljepilo

colle

bilježnica

cahier d'exercices

domaći zadatak

devoirs

broj

chiffre

sabirati

additionner

oduzimati

soustraire

množiti

multiplier

računati

calculer

slovo

lettre

abeceda

alphabet

riječ

mot

tekst

texte

čitati

lire

kreda

craie

sat

leçon

dnevnik

livre de classe

ispit

examen

svjedodžba

certificat

školska uniforma

uniforme scolaire

obrazovanje

formation

leksikon

lexique

sveučilište

université

mikroskop

microscope

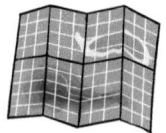

karta

carte

košara za papir

corbeille à papier

putovanje
voyage

hotel
hôtel
Grand
prenoćište
auberge
ROOMS
mjenjačnica
bureau de change
CHANGE
kofer
valise
auto
voiture

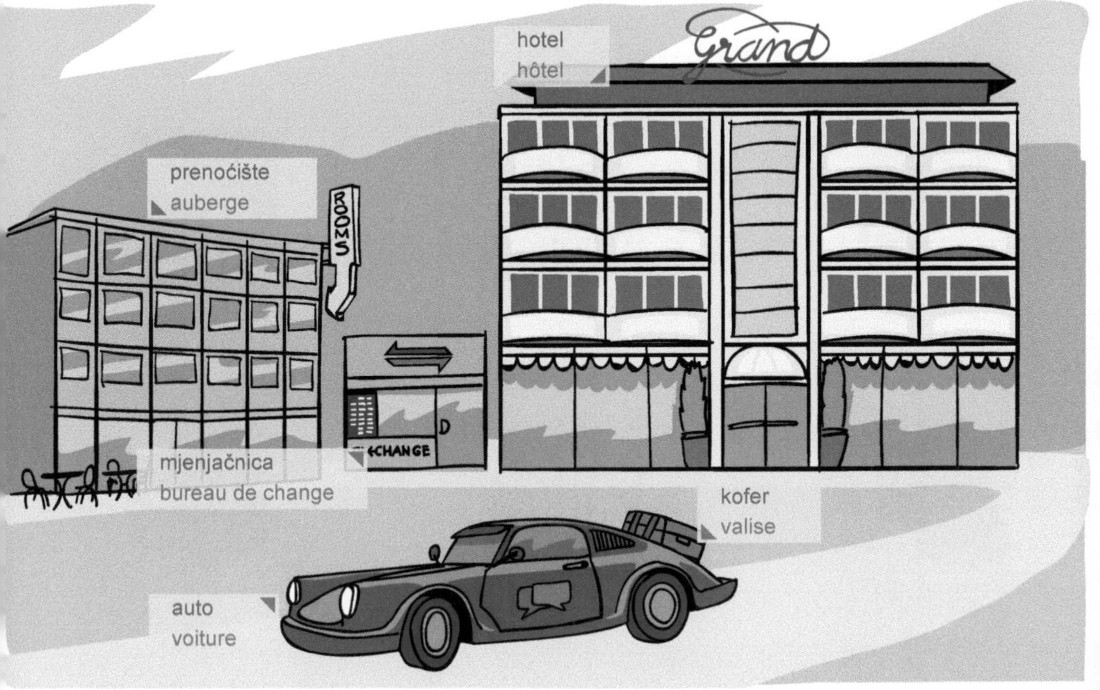

jezik

langue

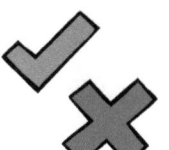

da / ne

oui / non

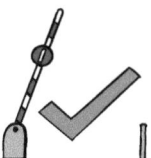

okay

d'accord

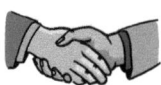

zdravo

Salut

prevoditelj

interprète

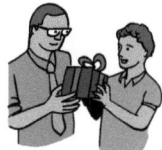

hvala

merci

Koliko košta...?

Combien coûte...?

ne razumijem

Je ne comprends pas

problem

problème

dobro veče!

Bonsoir !

Dobro jutro!

Bonjour !

Laku noć!

Bonne nuit !

doviđenja

Au revoir

smjer

direction

prtljaga

bagages

torba

sac

ruksak

sac-à-dos

gost

hôte

soba

pièce

vreća za spavanje

sac de couchage

šator

tente

turističke informacije

office de tourisme

plaža

plage

kreditna kartica

carte de crédit

doručak

petit-déjeuner

ručak

déjeuner

večera

dîner

karta za vožnju

billet

dizalo

ascenseur

poštanska markica

timbre

granica

frontière

carina

douane

ambasada

ambassade

viza

visa

putovnica

passeport

transport

transport

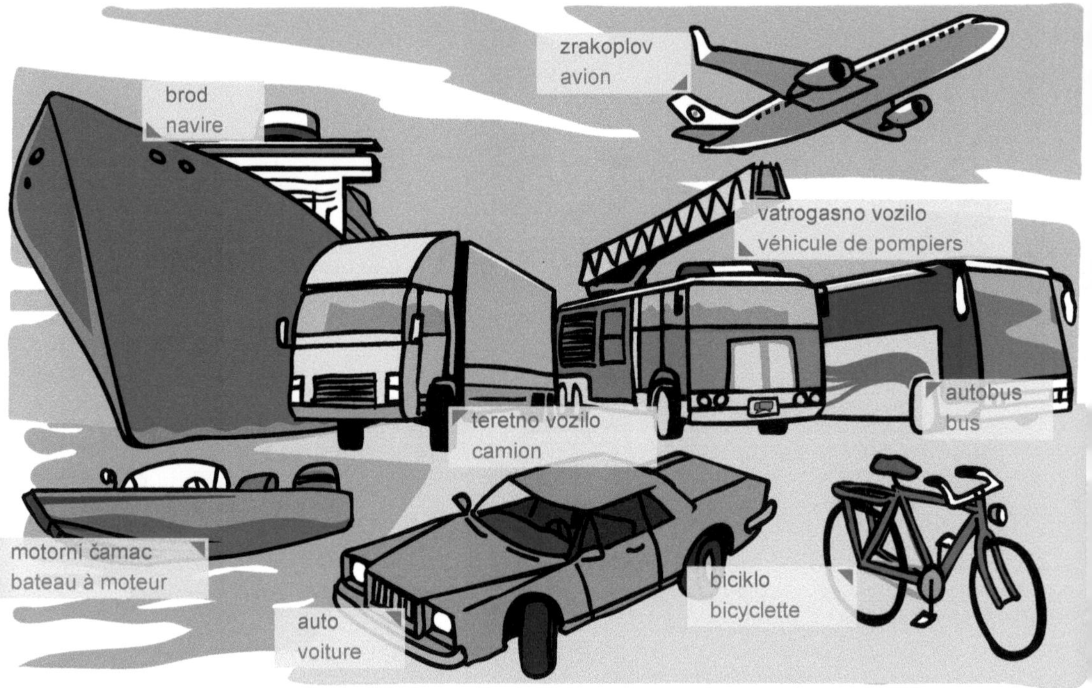

zrakoplov
avion
brod
navire
vatrogasno vozilo
véhicule de pompiers
autobus
bus
teretno vozilo
camion
motorní čamac
bateau à moteur
biciklo
bicyclette
auto
voiture

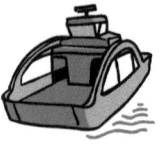

trajekt

ferry

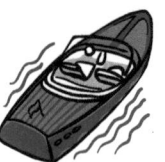

čamac

barque

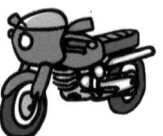

motocikl

moto

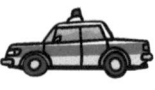

policijski auto

voiture de police

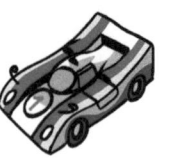

trkaći auto

voiture de course

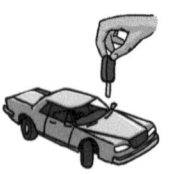

iznajmljeno auto

voiture de location

dijeljenje automobila

auto-partage

vučno vozilo

voiture de remorquage

vozilo za odvoz smeća

benne à ordures

motor

moteur

benzin

essence

benzinska postaja

station d'essence

prometni znak

panneau indicateur

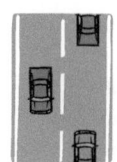

promet

trafic

zastoj

embouteillage

parkiralište

parking

kolodvor

gare

šine

rails

vlak

train

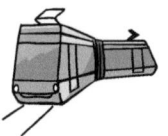

tramvaj

tramway

vagon

wagon

helikopter
hélicoptère

zrakoplovna luka
aéroport

toranj
tour

putnik
passager

kontejner
conteneur

karton
carton

kolica
chariot

košara
corbeille

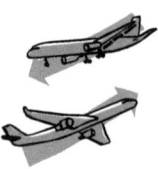

uzletjeti / sletjeti
décoller / atterrir

grad

ville

selo
village

centar grada
centre-ville

kuća
maison

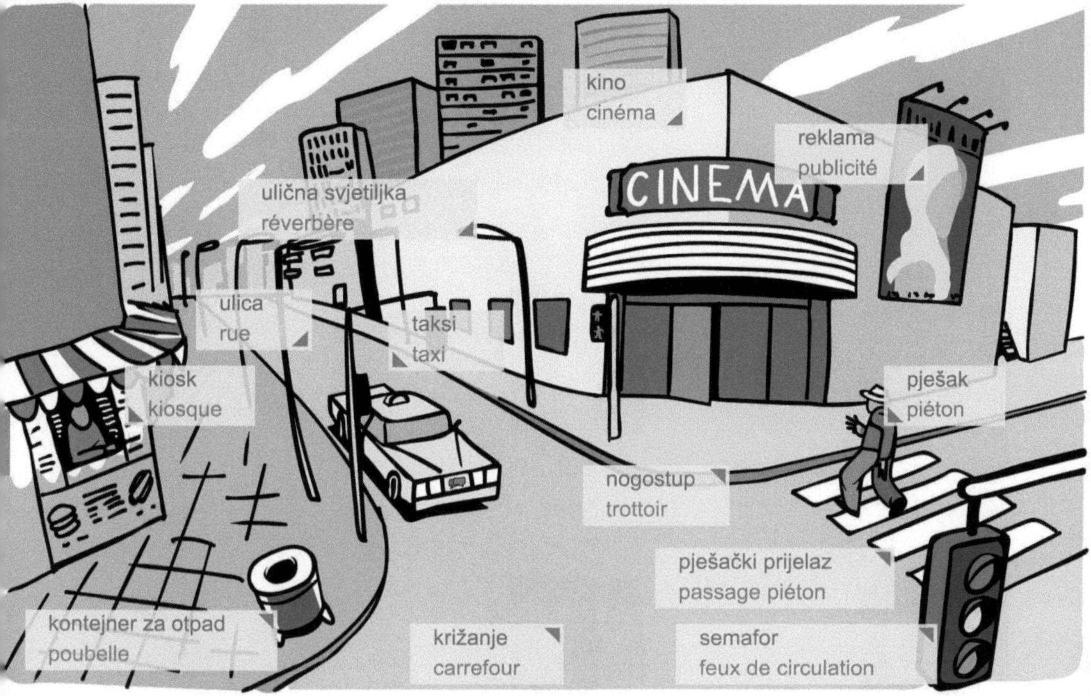

kino
cinéma

reklama
publicité

ulična svjetiljka
réverbère

ulica
rue

taksi
taxi

kiosk
kiosque

pješak
piéton

nogostup
trottoir

pješački prijelaz
passage piéton

kontejner za otpad
poubelle

križanje
carrefour

semafor
feux de circulation

koliba
cabane

stan
appartement

kolodvor
gare

vijećnica
mairie

muzej
musée

škola
école

sveučilište

université

banka

banque

bolnica

hôpital

hotel

hôtel

ljekarna

pharmacie

ured

bureau

knjižara

librairie

prodavaonica

magasin

cvjećara

fleuriste

supermarket

supermarché

trg

marché

robna kuća

grand magasin

ribarnica

poissonnerie

trgovački centar

centre commercial

luka

port

park
parc

klupa
banque

most
pont

stepenice
escaliers

podzemna željeznica
métro

tunel
tunnel

autobusna stanica
arrêt de bus

bar
bar

restoran
restaurant

poštansko sanduče
boîte à lettres

ulični znak
panneau indicateur

parkirni sat
parcmètre

zoološki vrt
zoo

bazen
piscine

džamija
mosquée

seosko gazdinstvo

ferme

zagađenje okoliša

pollution

groblje

cimetière

crkva

église

igralište

aire de jeux

hram

temple

krajolik

paysage

list
feuille

putokaz
panneau indicateur

put
chemin

livada
pré

kamen
pierre

drvo
arbre

šetač
randonneur

rijeka
rivière

trava
herbe

cvijet
fleur

dolina

vallée

planina

montagne

jezero

lac

šuma

forêt

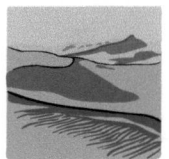

pustinja

désert

vulkan

volcan

dvorac

château

duga

arc-en-ciel

gljiva

champignon

palma

palmier

moskito

moustique

muha

mouche

mrav

fourmis

pčela

abeille

pauk

araignée

buba

coléoptère

žaba

grenouille

vjeverica

écureuil

jež

hérisson

zec

lièvre

sova

chouette

ptica

oiseau

labud

cygne

divlja svinja

sanglier

jelen

cerf

los

élan

nasip

barrage

vjetrenjača

éolienne

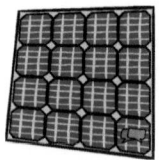

solarna ploča

panneau solaire

klima

climat

konobar
serveur

jelovnik
menu

stolica
chaise

supa
soupe

pica
pizza

pribor za jelo
couverts

stolnjak
nappe

predjelo
hors d'œuvre

glavno jelo
plat principal

desert
dessert

napitci
boissons

jelo
alimentation

boca
bouteille

fastfood

fast-food

imbis hrana

plats à emporter

čajnik

théière

doza za šećer

sucrier

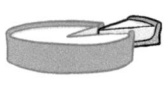

porcija

portion

aparat za espresso

machine à expresso

visoka stolica

chaise haute

račun

facture

pladanj

plateau

nož

couteau

vilica

fourchette

žlica

cuillère

čajna žlica

cuillère à thé

ubrus

serviette

čaša

verre

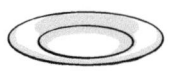

tanjur

assiette

tanjur za supu

assiette à soupe

tanjurić

soucoupe

sos

sauce

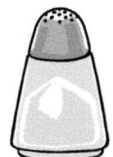

soljenka

salière

mlin za biber

moulin à poivre

ocat

vinaigre

ulje

huile

začini

épices

kečap

ketchup

senf

moutarde

majoneza

mayonnaise

supermarket
supermarché

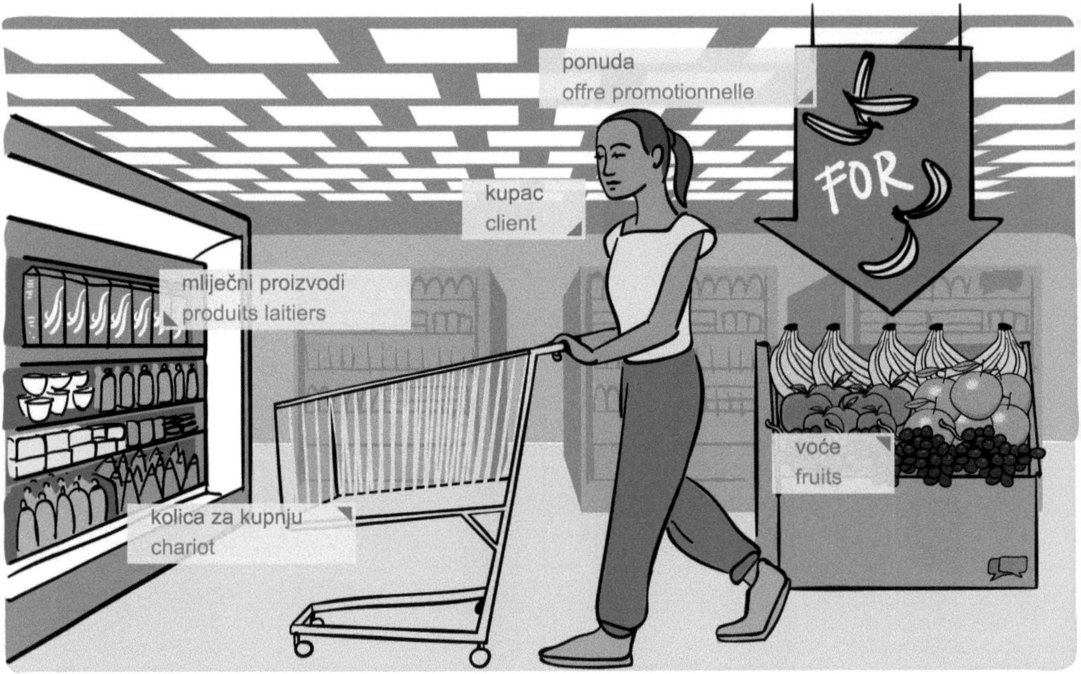

ponuda
offre promotionnelle
kupac
client
FOR
mliječni proizvodi
produits laitiers
voće
fruits
kolica za kupnju
chariot

BUTCHERS

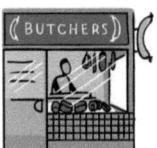

mesnica

boucherie

BAKERY

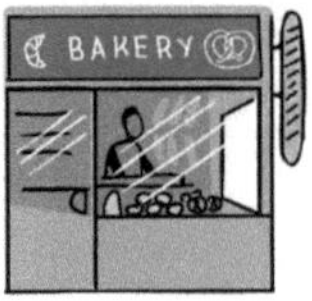

pekarnica

boulangerie

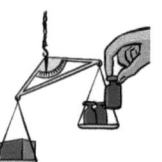

vagati

peser

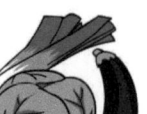

povrće

légumes

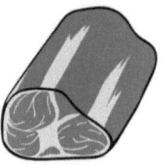

meso

viande

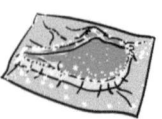

duboko smrznuta hrana

aliments surgelés

narezak

charcuterie

konzerve

conserves

sredstvo za pranje

poudre à lessive

slatkiši

bonbons

artikli za domaćinstvo

articles ménagers

sredstva za čišćenje

détergents

prodavačica

vendeuse

blagajna

caisse

blagajnik

caissier

lista za kupnju

liste d'achats

vrijeme rada

heures d'ouverture

novčanik

portefeuille

kreditna kartica

carte de crédit

torba

sac

plastična vrećica

sac en plastique

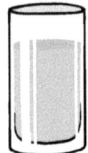

voda

eau

sok

jus de fruit

mlijeko

lait

cola

coca

vino

vin

pivo

bière

alkohol

alcool

kakao

chocolat chaud

čaj

thé

kava

café

espresso

expresso

cappuccino

cappuccino

banana

banane

jabuka

pomme

naranča

orange

lubenica

melon

limun

citron

mrkva

carotte

češnjak

ail

bambus

bambou

luk

oignon

gljiva

champignon

orašasti plodovi

noisettes

rezanci

pâtes

špagete

spaghetti

riža

riz

salata

salade

pomfrit

pommes frites

pečeni krumpir

pommes de terre rôties

pica

pizza

hamburger

hamburger

sendvič

sandwich

šnicla

escalope

pršut

jambon

salama

salami

kobasica

saucisse

kokoš

poulet

pečenje

rôti

riba

poisson

zobene pahuljice

flocons d'avoine

musli

muesli

kukuruzne pahuljice

cornflakes

brašno

farine

roščić

croissant

pecivo

petits-pains

kruh

pain

toast

pain grillé

keksi

biscuits

maslac

beurre

svježi sir

le fromage blanc

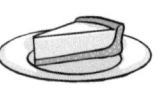

kolač

gâteau

jaje

œuf

jaje na oko

œuf au plat

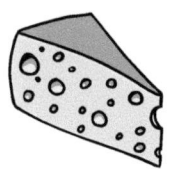

sir

fromage

sladoled
glace

šećer
sucre

med
miel

marmelada
confiture

nugat krema
crème nougat

curry
curry

seosko gazdinstvo
ferme

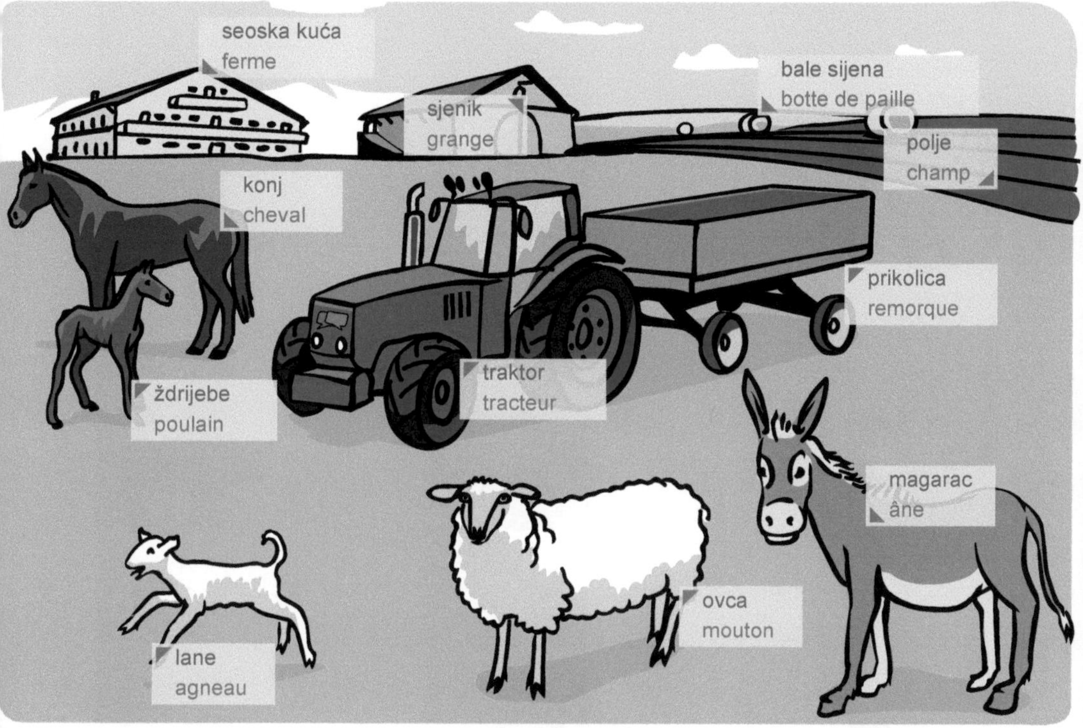
seoska kuća
ferme
sjenik
grange
bale sijena
botte de paille
polje
champ
konj
cheval
prikolica
remorque
ždrijebe
poulain
traktor
tracteur
magarac
âne
ovca
mouton
lane
agneau

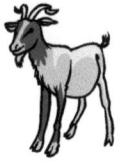

koza

chèvre

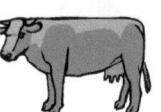

krava

vache

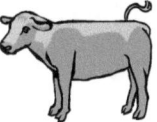

tele

veau

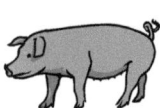

svinja

porc

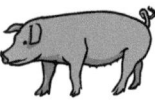

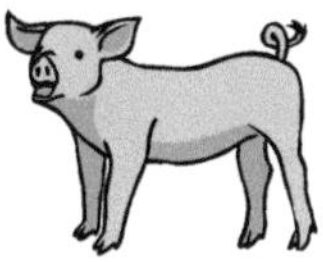

prase

porcelet

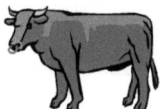

bik

taureau

guska

oie

patka

canard

pilići

poussin

kokoš

poule

pijetao

coq

pacov

rat

mačka

chat

miš

souris

vol

bœuf

pas

chien

kućica za psa

chenil

vrtno crijevo

tuyau de jardin

kanta za polijevanje

arrosoir

kosa

faucheuse

plug

charrue

srp

faucille

motika

pioche

vilica za gnojivo

fourche

sjekira

hache

tačke

brouette

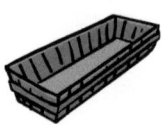

korito

cuve

posuda za mlijeko

pot à lait

vreća

sac

ograda

clôture

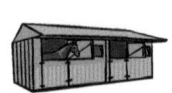

štala

étable

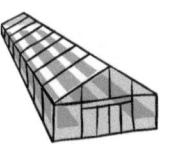

staklenik

serre

zemlja

sol

sjeme

semences

gnojivo

engrais

kombajn

moissonneuse-batteuse

žanjati

récolter

žetva

récolte

yams začin

igname

pšenica

blé

soja

soja

krumpir

pomme de terre

kukuruz

maïs

uljana repica

colza

voćka

arbre fruitier

gomolj manioke

manioc

žitarice

céréales

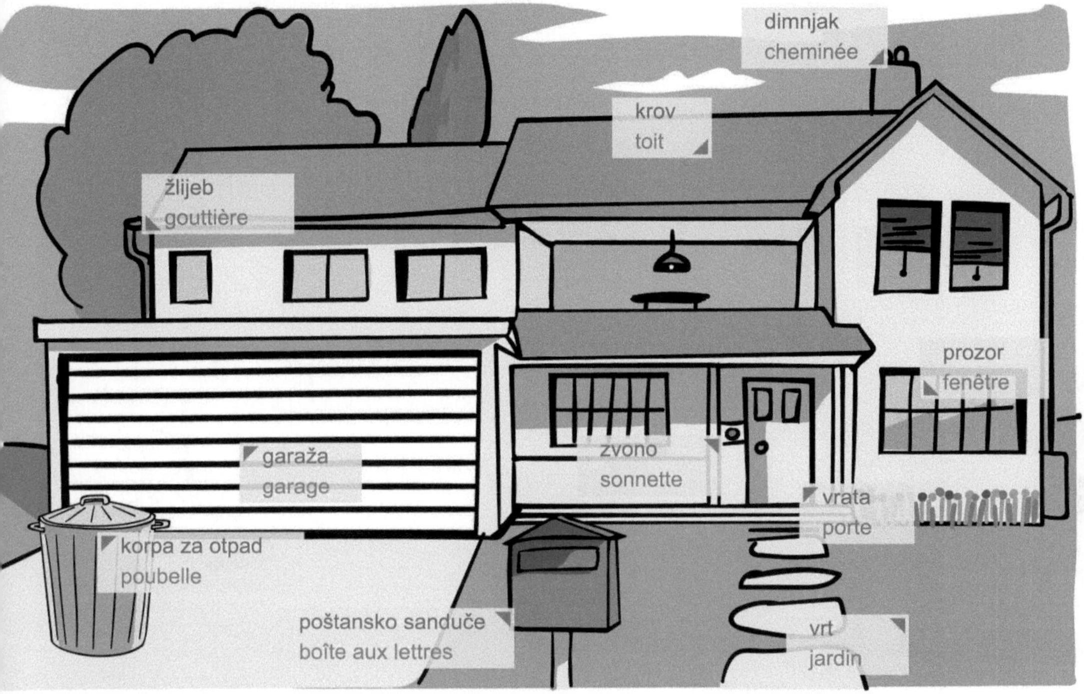

dimnjak
cheminée

krov
toit

žlijeb
gouttière

prozor
fenêtre

garaža
garage

zvono
sonnette

vrata
porte

korpa za otpad
poubelle

poštansko sanduče
boîte aux lettres

vrt
jardin

dnevna soba
....
salon

kupaonica
....
salle de bain

kuhinja
....
cuisine

spavaća soba
....
chambre à coucher

dječija soba
....
chambre d'enfant

trpezarija
....
salle à manger

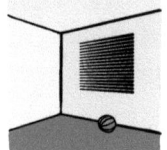

pod
....
sol

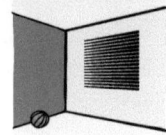

zid
....
mur

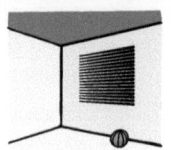

strop
....
plafond

podrum
....
cave

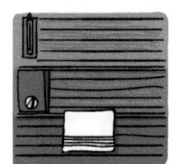

sauna
....
sauna

balkon
....
balcon

terasa
....
terrasse

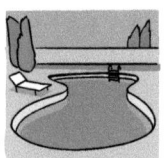

bazen
....
piscine

kosilica za travu
....
tondeuse à gazon

posteljina za krevet
....
housse

deka za krevet
....
couette

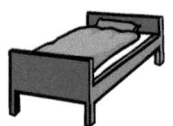

krevet
....
lit

metla
....
balai

kanta
....
sceau

sklopka
....
interrupteur

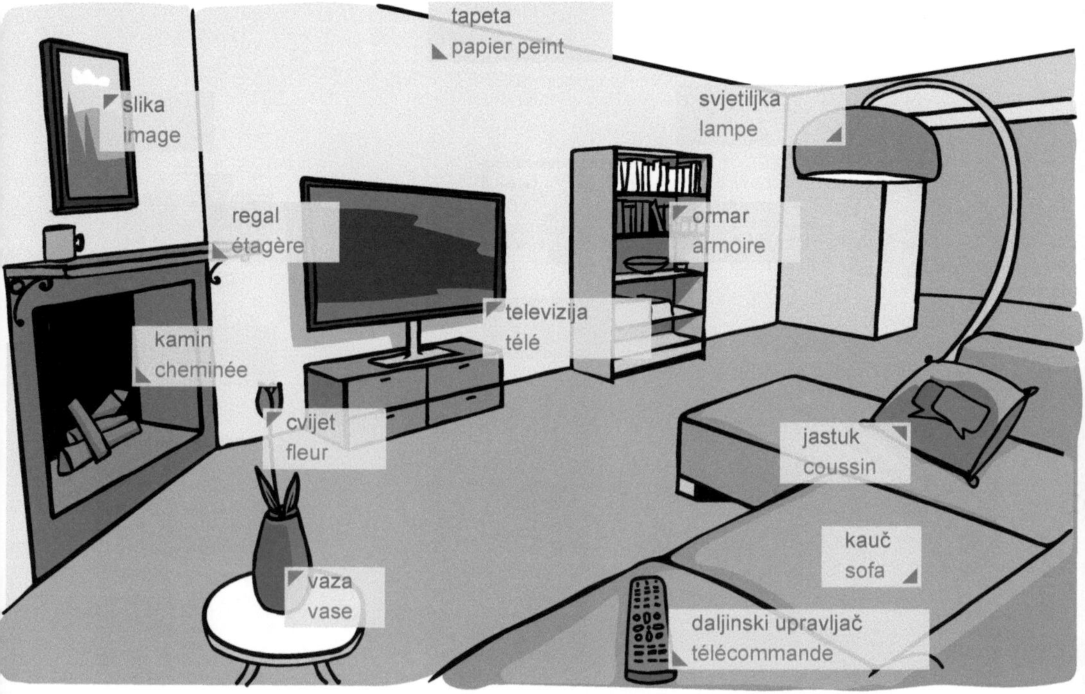

tapeta
papier peint

slika
image

svjetiljka
lampe

regal
étagère

ormar
armoire

televizija
télé

kamin
cheminée

cvijet
fleur

jastuk
coussin

vaza
vase

kauč
sofa

daljinski upravljač
télécommande

tepih
tapis

zavjesa
rideau

stol
table

stolica
chaise

stolica za njihanje
chaise à bascule

fotelja
fauteuil

knjiga

livre

deka

couverture

dekoracija

décoration

drvo za ogrjev

bois de chauffage

film

film

stereo uređaj

chaîne hi-fi

ključ

clé

novine

journal

slika na platnu

peinture

poster

poster

radio

radio

blok za pisanje

bloc-notes

usisavač

aspirateur

kaktus

cactus

svijeća

bougie

kuhinja
cuisine

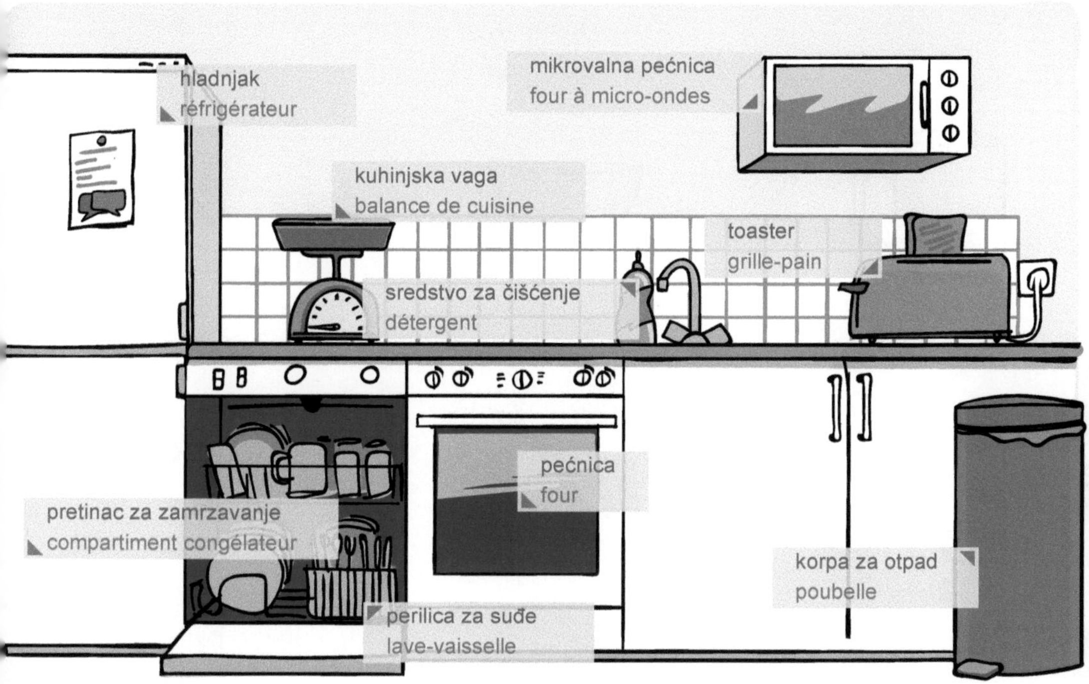
hladnjak
réfrigérateur
mikrovalna pećnica
four à micro-ondes
kuhinjska vaga
balance de cuisine
toaster
grille-pain
sredstvo za čišćenje
détergent
pećnica
four
pretinac za zamrzavanje
compartiment congélateur
korpa za otpad
poubelle
perilica za suđe
lave-vaisselle

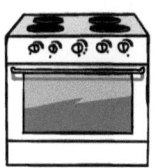

štednjak

four

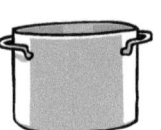

lonac

casserole

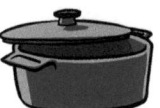

željezni lonac

marmite

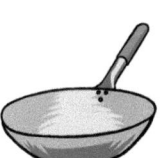

wok / kadai

wok / kadai

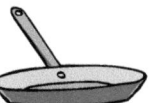

tava

poêle

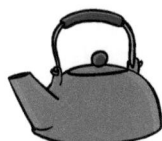

kuhalo za vodu

bouilloire electrique

kuhalo na paru

cuiseur vapeur

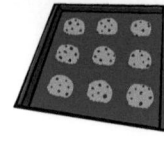

lim za pečenje

plaque de cuisson

posuđe

vaisselle

čaša

gobelet

zdjela

coupe

štapići za jelo

baguettes

kutljača

louche

lopatica

spatule

pjenjača

fouet

sito za kuhanje

passoire

sito

tamis

ribež

râpe

mužar

mortier

roštilj

barbecue

ognjište

cheminée

daska

planche à découper

oklagija

rouleau à pâtisserie

vadičep

tire-bouchon

konzerva

boîte

otvarač konzervi

ouvre-boîte

krpa za lonac

maniques

sudoper

lavabo

četka

brosse

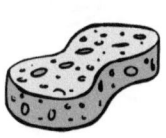

spužva

éponge

mikser

mixeur

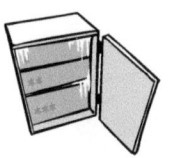

zamrzivač

congélateur

bočica za bebe

biberon

slavina za vodu

robinet

kupaonica
salle de bain

grijanje
chauffage
ručnik
serviette
tuš
douche
zavjesa za tuš
rideau de douche
pjenušava kupka
bain moussant
kada
baignoire
čaša
verre
perilica za rublje
machine à laver
slavina za vodu
robinet
pločice
carrelage
dječja kahlica
pot
sudoper
lavabo

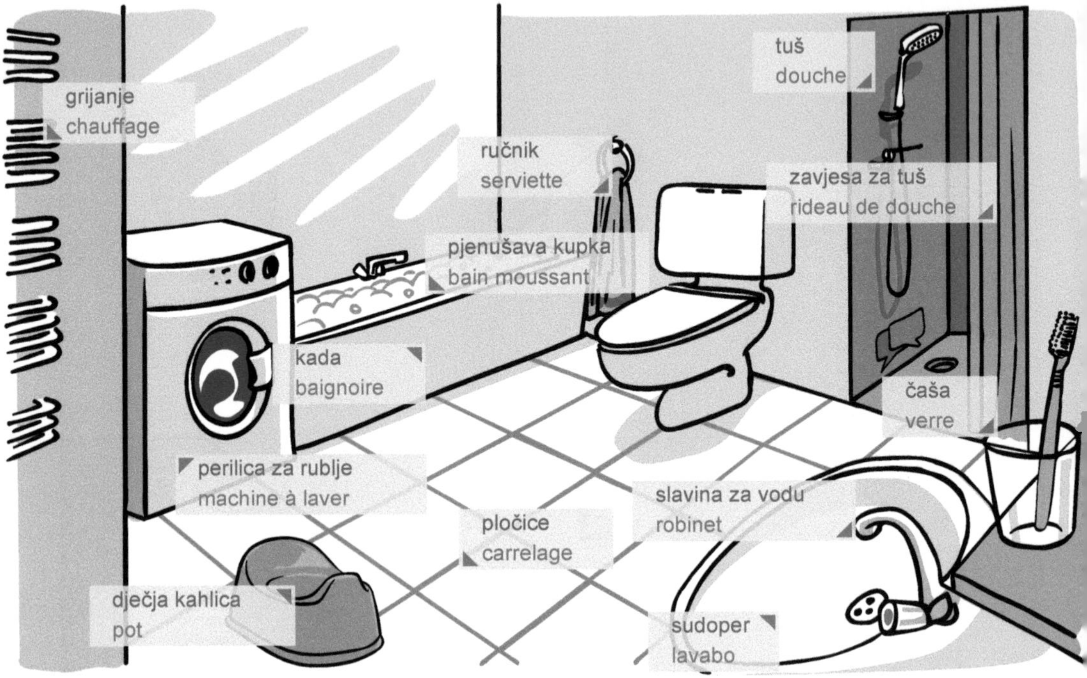

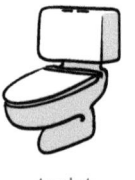

toalet
toilettes

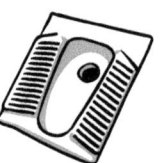

čučavac
toilette à la turque

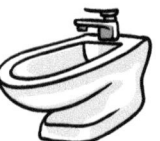

bidet
bidet

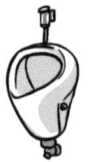

pisoar
urinoir

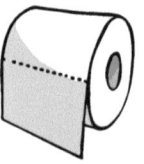

papir za toalet
papier toilette

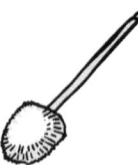

četka za toalet
brosse à toilette

četkica za zube

brosse à dents

pasta za zube

dentifrice

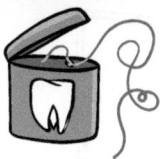

konac za zube

fil dentaire

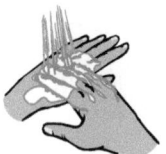

prati

laver

tuš ručica

douche manuelle

tuš za pranje intimnih dijelova

douche intime

lavor

vasque

četka za pranje leđa

brosse dorsale

sapun

savon

gel za tuširanje

gel douche

šampon

shampooing

krpa za pranje

gant de toilette

odvod

écoulement

krema

crème

dezodorans

déodorant

ogledalo

miroir

kozmetičko ogledalo

miroir cosmétique

brijač

rasoir

pjena za brijanje

mousse à raser

losion za poslije brijanja

après-rasage

češalj

peigne

četka

brosse

sušilo za kosu

sèche-cheveux

sprej za kosu

laque pour cheveux

makeup

fond de teint

ruž za usne

rouge à lèvres

lak za nokte

vernis à ongles

vata

ouate

škare za nokte

coupe-ongles

parfem

parfum

kupaonica - salle de bain

neseser

trousse de toilette

stolica

tabouret

vaga

pèse-personne

ogrtač

peignoir

rukavice za čišćenje

gants de nettoyage

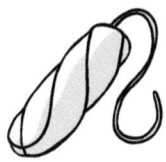

tampon

tampon

uložak

serviettes hygiéniques

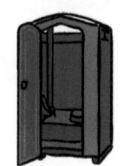

kemijski toalet

toilette chimique

dječija soba
chambre d'enfant

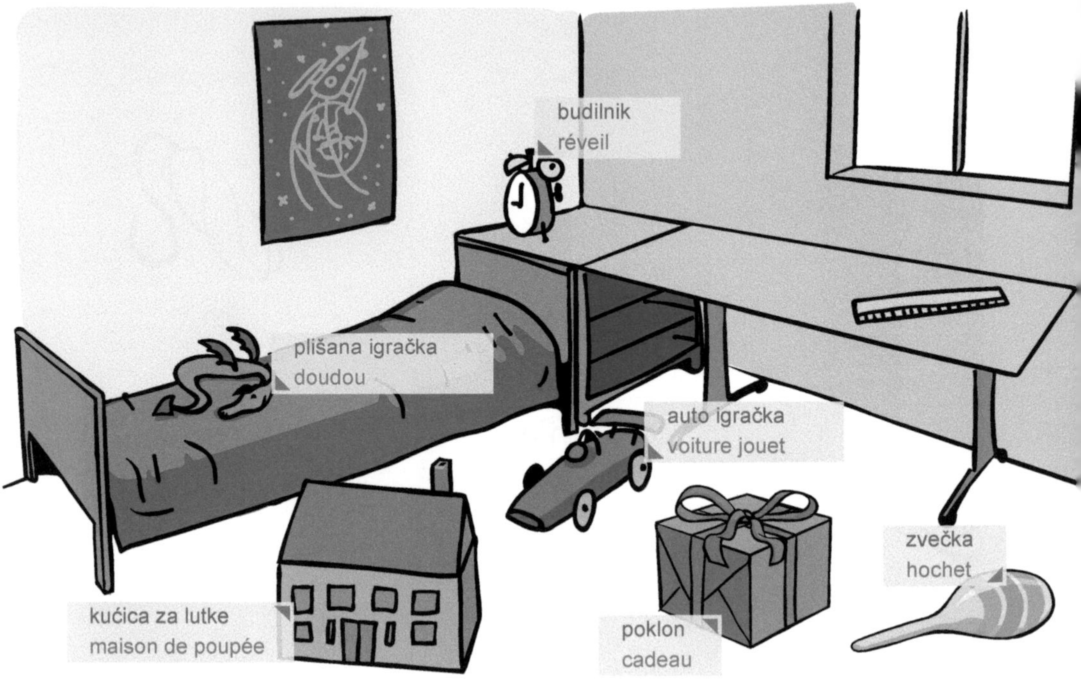
budilnik
réveil
plišana igračka
doudou
auto igračka
voiture jouet
zvečka
hochet
kućica za lutke
maison de poupée
poklon
cadeau

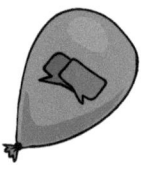

balon

ballon

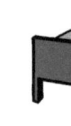

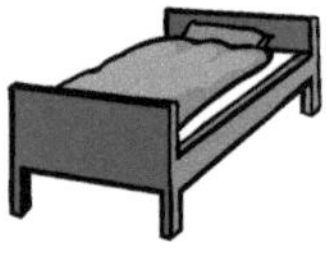

krevet

lit

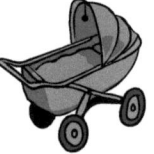

dječija kolica

poussette

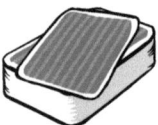

igra s kartama

jeu de cartes

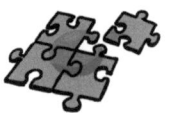

slagalica

puzzle

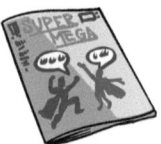

strip

bande dessinée

lego kockice

pièces lego

kockice za slaganje

blocs de construction

akcioni junak

figurine

kombinezon za bebe

grenouillère

frizbi

frisbee

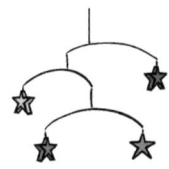

viseće igračke

mobile

društvene igre

jeu de société

kocka

dé

minijaturna željeznica

train miniature

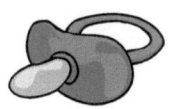

duda

sucette

tulum

fête

slikovnica

livre d'images

lopta

balle

lutka

poupée

igrati

jouer

pješčanik

bac à sable

ljuljačka

balançoire

igračka

jouets

konzola za igre

console de jeu

tricikl

tricycle

plišani medo

ours en peluche

ormar

armoire

odjeća

vêtements

kratke čarape

chaussettes

čarape

bas

hulahopke

collant

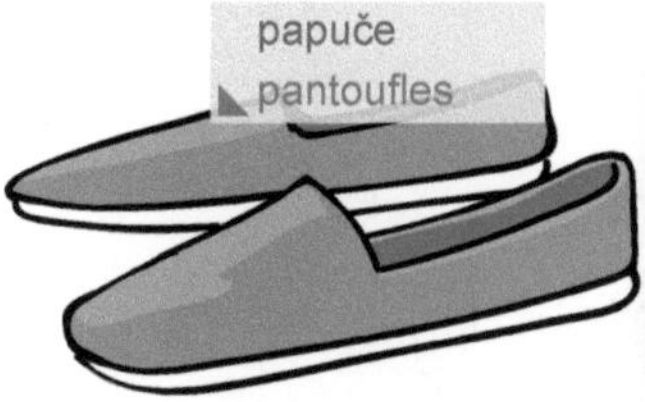

šal
écharpe

kišobran
parapluie

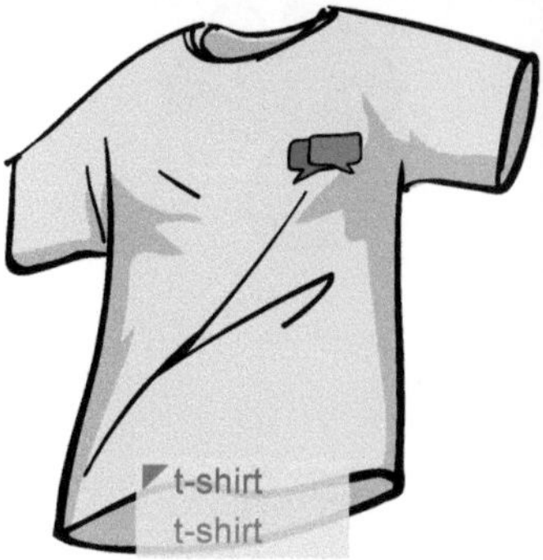

kaiš
ceinture

t-shirt
t-shirt

čizme
bottes

papuče
pantoufles

patike
baskets

sandale
sandales

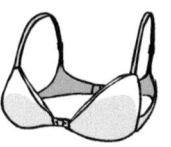
cipele
chaussures

gumene čizme
bottes de caoutchouc

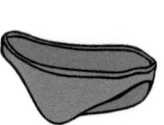
gaćice
sous-vêtements

grudnjak
soutien-gorge

potkošulja
maillot de corps

bodi
body

hlače
pantalon

džins
jean

haljina
jupe

bluza
chemisier

košulja
chemise

džemper
pull

pulover s kapuljačom
sweat à capuche

blejzer
veste

jakna
veste

kaput
manteau

kabanica
imperméable

kostim
costume

haljina
robe

vjenčanica
robe de mariée

odijelo

costume

spavaćica

chemise de nuit

pidžama

pyjama

sari

sari

rubac

foulard

turban

turban

burka

burqa

kaftan

caftan

abaja

abaya

kupaći kostim

maillot de bain

kupaće gaćice

maillot de bain

kratke hlače

short

odjeća za trening

tenue d'entraînement

pregača

tablier

rukavice

gants

gumb

bouton

naočale

lunettes

narukvica

bracelet

ogrlica

collier

prsten

bague

naušnica

boucle d'oreille

kapa

bonnet

vješalica

cintre

šešir

chapeau

kravata

cravate

patent zatvarač

fermeture éclair

kaciga

casque

naramenice

bretelles

školska uniforma

uniforme scolaire

uniforma

uniforme

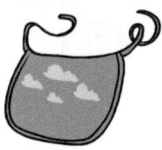

podbradak

bavoir

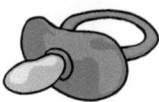

duda

sucette

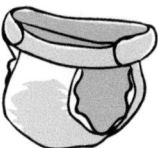

pelena

lange

ured

bureau

server
serveur
ormar za spise
armoire d'archivage
pisač
imprimante
papir
papier
monitor
écran
miš
souris
pisaći stol
bureau
mapa
classeur
tipkovnica
clavier
košara za papir
corbeille à papier
računar
ordinateur
stolica
chaise

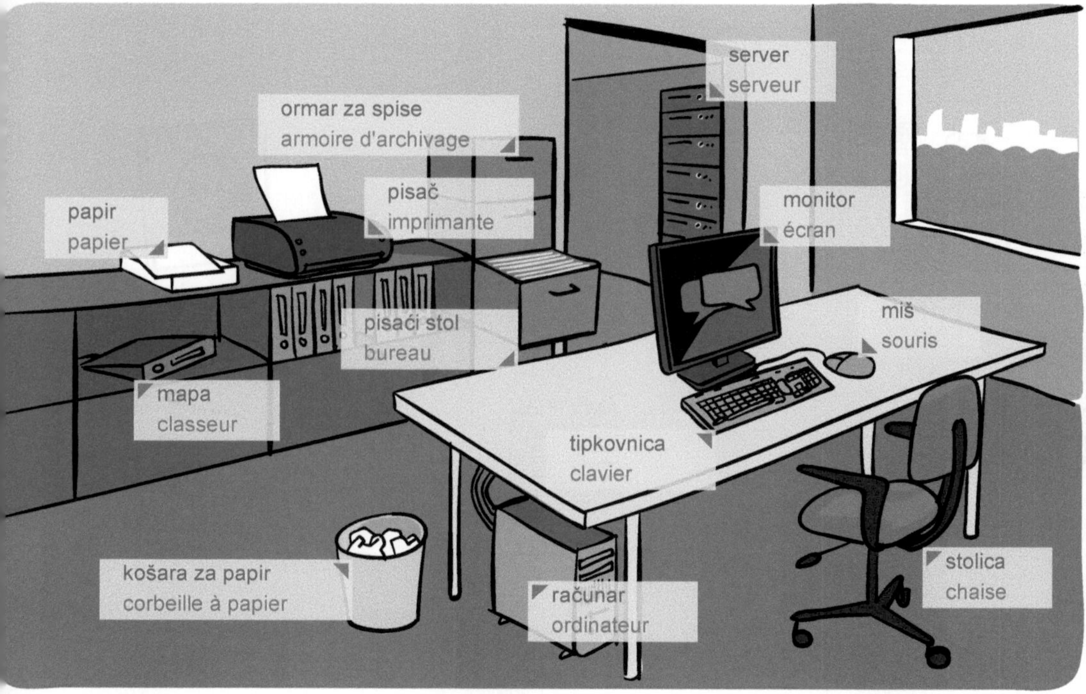

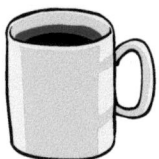

šalica za kavu

tasse de café

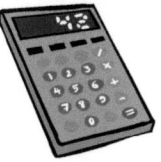

kalkulator

calculatrice

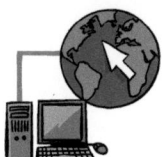

internet

internet

laptop

ordinateur portable

pismo

lettre

poruka

message

mobilni telefon

portable

mreža

réseau

uređaj za kopiranje

photocopieuse

softver

logiciel

telefon

téléphone

utičnica

prise

faks

fax

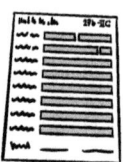

obrazac

formulaire

dokument

document

kupovati

acheter

platiti

payer

trgovati

faire du commerce

novac

monnaie

dolar

dollar

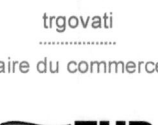

euro

euro

jen

yen

rubalj

rouble

švicarski franak

franc suisse

renmindbi yuan

renminbi yuan

rupija

roupie

automat za novac

distributeur automatique

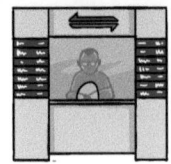

mjenjačnica

bureau de change

zlato

or

srebro

argent

nafta

pétrole

energija

énergie

cijena

prix

ugovor

contrat

porez

taxe

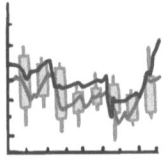

dionica

action

raditi

travailler

službenik

employé

poslodavac

employeur

tvornica

usine

prodavaonica

magasin

gospodarstvo - économie

policajac
agent de police

vatrogasac
pompier

kuhar
cuisinier

liječnik
médecin

pilot
pilote

vrtlar
jardinier

stolar
menuisier

krojačica
couturière

sudija
juge

kemičar
chimiste

glumac
acteur

vozač autobusa

conducteur de bus

vozač taksija

chauffeur de taxi

ribar

pêcheur

čistačica

femme de ménage

krovopokrivač

couvreur

konobar

serveur

lovac

chasseur

slikar

peintre

pekar

boulanger

električar

électricien

građevinski radnik

ouvrier

inženjer

ingénieur

mesar

boucher

limar

plombier

poštar

facteur

vojnik

soldat

arhitekta

architecte

blagajnik

caissier

cvjećar

fleuriste

frizer

coiffeur

kondukter

contrôleur

mehaničar

mécanicien

kapetan

capitaine

zubar

dentiste

znanstvenik

scientifique

rabi

rabbin

imam

imam

monah

moine

svećenik

prêtre

alati
outils

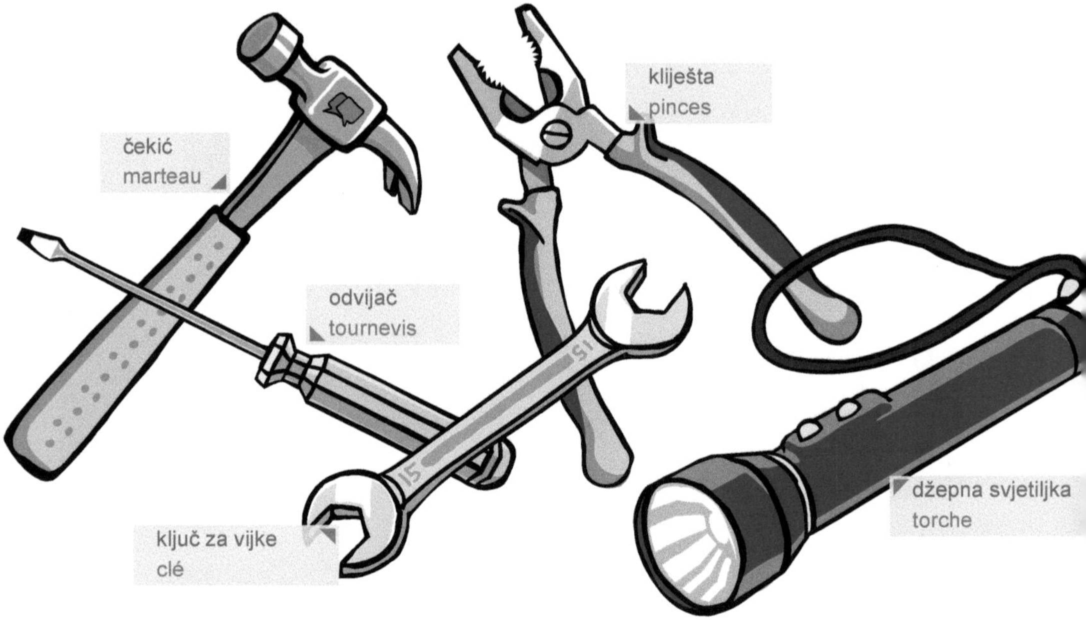

čekić
marteau
kliješta
pinces
odvijač
tournevis
ključ za vijke
clé
džepna svjetiljka
torche

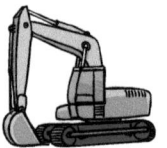

rovokopač

pelleteuse

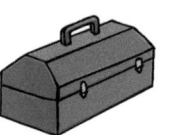

kutija za alat

boîte à outils

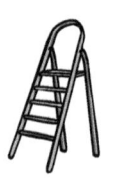

ljestve

échelle

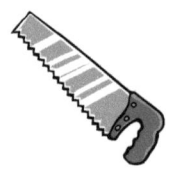

pila

scie

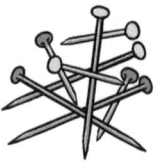

ekser

clous

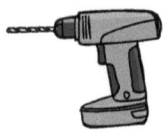

bušilica

perceuse

popraviti

réparer

lopata

pelle

Sranje!

Mince !

lopatica

pelle

lonac za boju

pot de peinture

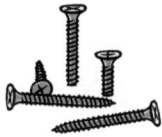

vijci

vis

glazbeni instrument
instruments de musique

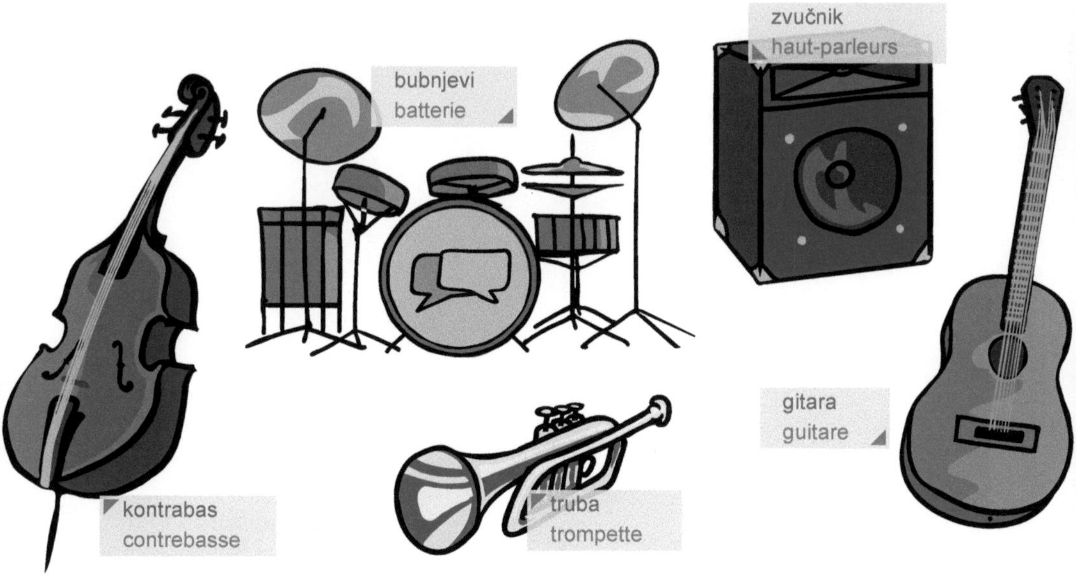

bubnjevi
batterie

zvučnik
haut-parleurs

gitara
guitare

kontrabas
contrebasse

truba
trompette

klavir

piano

violina

violon

bas

basse

timpani

timbales

udaraljke za bubnjeve

tambour

keyboard

piano électrique

saksofon

saxophone

flauta

flûte

mikrofon

microphone

zoološki vrt

zoo

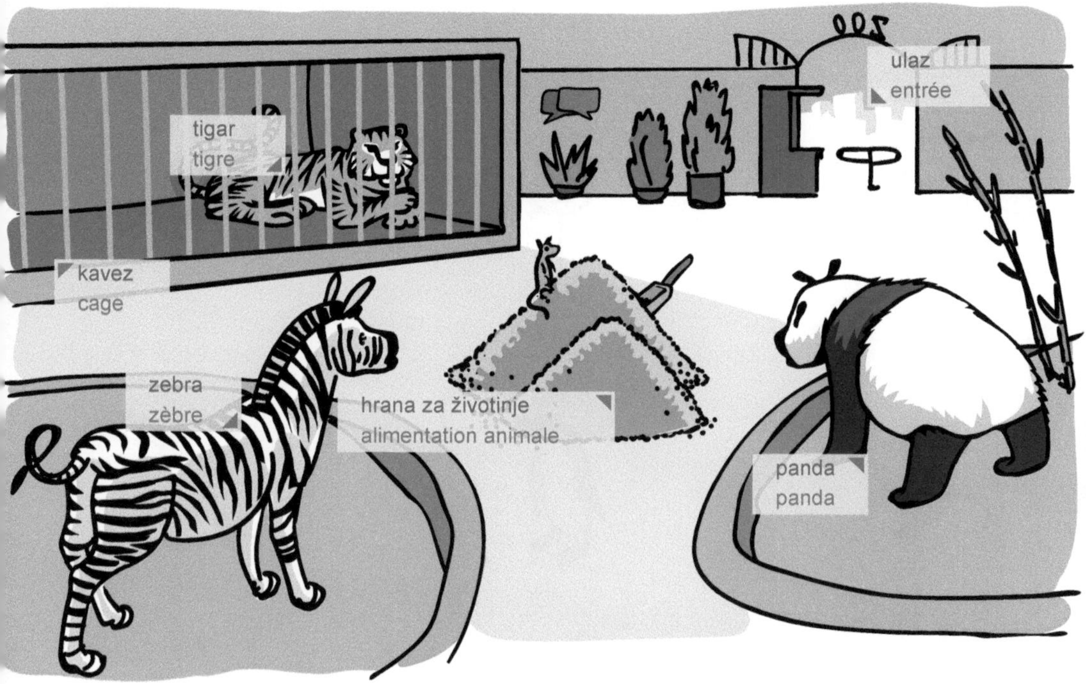
ulaz
entrée
tigar
tigre
kavez
cage
zebra
zèbre
hrana za životinje
alimentation animale
panda
panda

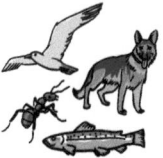

životinje

animaux

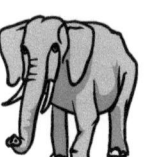

slon

éléphant

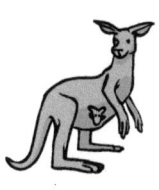

kengur

kangourou

nosorog

rhinocéros

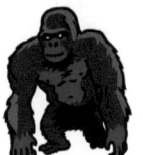

gorila

gorille

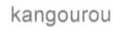

medvjed

ours

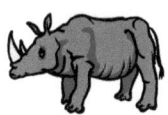

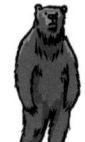

kamila

chameau

noj

autruche

lav

lion

majmun

singe

flamingo

flamand rose

papagaj

perroquet

polarni medvjed

ours polaire

pingvin

pingouin

ajkula

requin

paun

paon

zmija

serpent

krokodil

crocodile

čuvar u zoološkom vrtu

gardien de zoo

tuljan

phoque

jaguar

jaguar

poni

poney

leopard

léopard

nilski konj

hippopotame

žirafa

girafe

orao

aigle

divlja svinja

sanglier

riba

poisson

kornjača

tortue

morž

morse

lisica

renard

gazela

gazelle

američki nogomet
american Football

biciklizam
cyclisme

tenis
tennis

košarka
basket-ball

plivanje
natation

boks
boxe

hockey na ledu
hockey sur glace

nogomet
football

badminton
badminton

atletika
athlétisme

rukomet
handball

skijanje
ski

polo
polo

skočiti
sauter

zagrliti
embrasser

smijati se
rire

ići
marcher

pjevati
chanter

sanjati
rêver

moliti se
prier

poljubiti
faire la bise

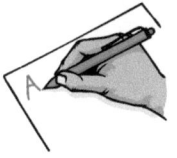

pisati
écrire

crtati
dessiner

pokazati
montrer

gurati
pousser

dati
donner

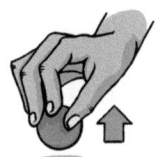

uzeti
prendre

imati

avoir

činiti

faire

biti

être

stojati

être debout

trčati

courir

povlačiti

trier

baciti

jeter

padati

tomber

ležati

être couché

čekati

attendre

nositi

porter

sjediti

être assis

oblačiti

s'habiller

spavati

dormir

probuditi se

se réveiller

aktivnosti - activités

gledati

regarder

plakati

pleurer

milovati

caresser

češljati

peigner

govoriti

parler

razumjeti

comprendre

pitati

demander

slušati

écouter

piti

boire

jesti

manger

pospremiti

ranger

voljeti

aimer

kuhati

cuire

voziti

conduire

letjeti

voler

aktivnosti - activités

ploviti

faire de la voile

računati

calculer

čitati

lire

učiti

apprendre

raditi

travailler

vjenčati se

se marier

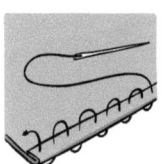

šiti

coudre

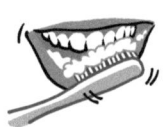

prati zube

brosser les dents

ubiti

tuer

pušiti

fumer

poslati

envoyer

aktivnosti - activités

obitelj
famille

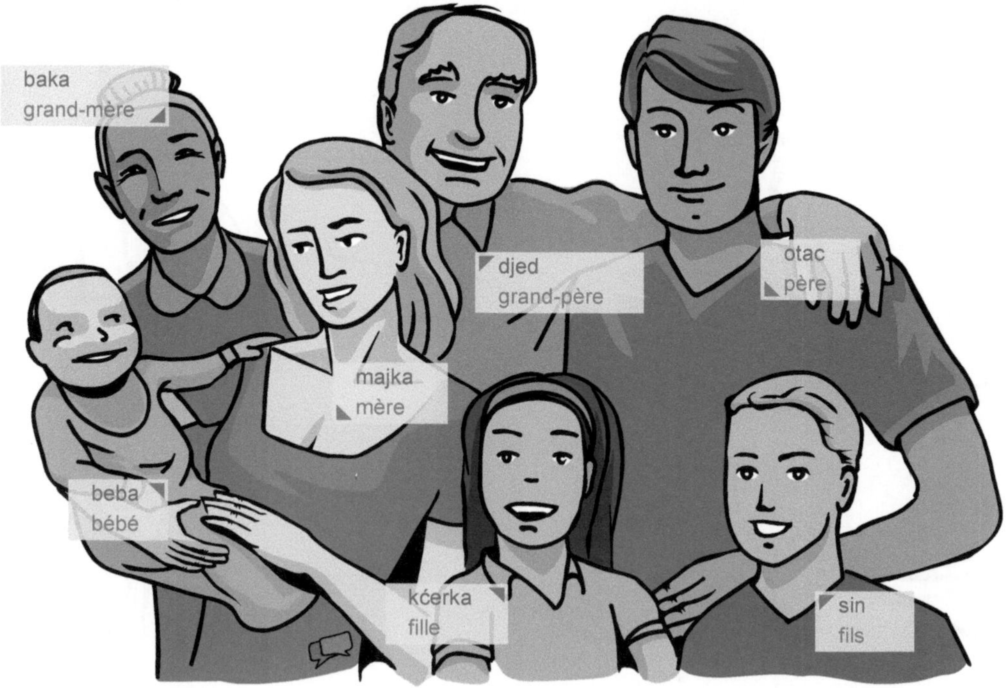

baka
grand-mère
djed
grand-père
otac
père
majka
mère
beba
bébé
kćerka
fille
sin
fils

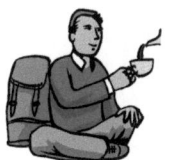

gost
hôte

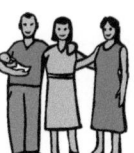

tetka
tante

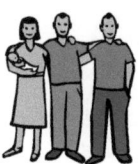

ujak, stric
oncle

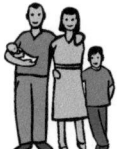

brat
frère

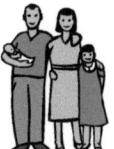

sestra
sœur

tijelo
corps

čelo
front
oko
œil
rame
épaule
prst
doigt
lice
visage
brada
menton
ruka
main
noga
jambe
grudi
poitrine
ruka
bras

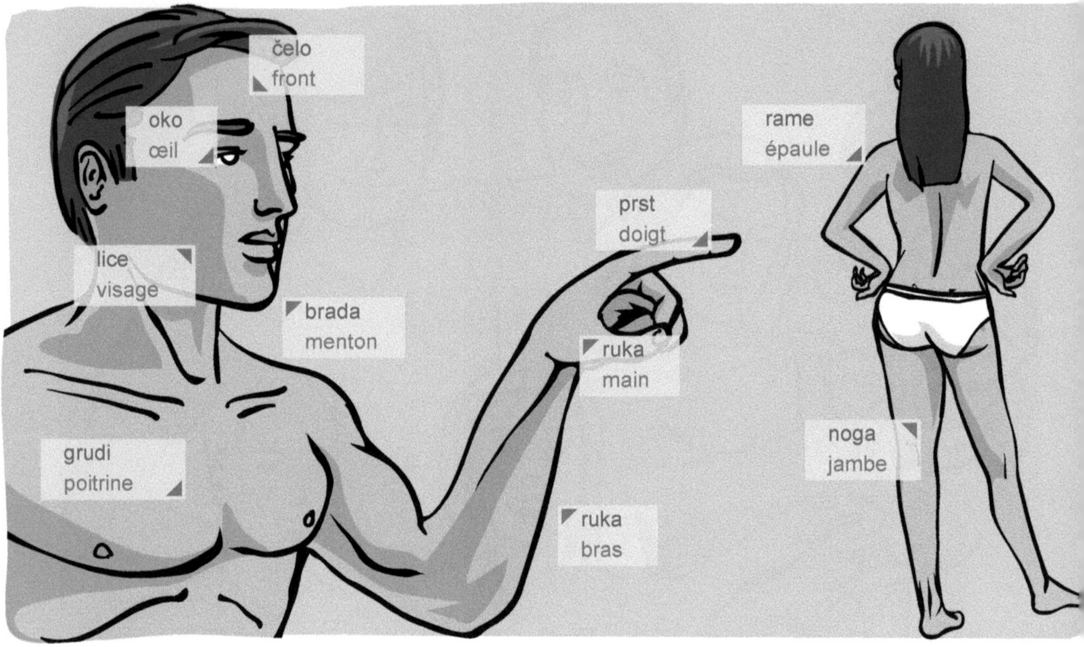

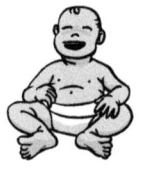

beba
bébé

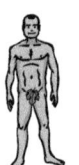

muškarac
homme

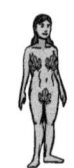

žena
femme

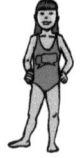

djevojčica
fille

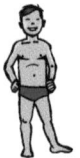

dječak
garçon

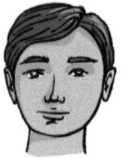

glava
tête

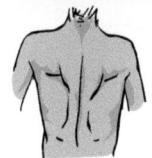

leđa
dos

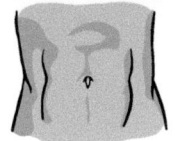

trbuh
ventre

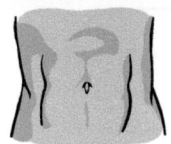

pupak
nombril

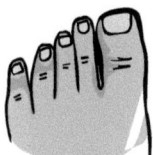

nožni prst
orteil

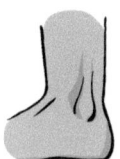

peta
talon

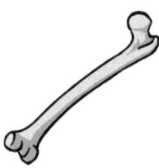

kost
os

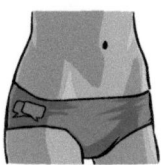

kuk
hanche

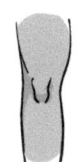

koljeno
genou

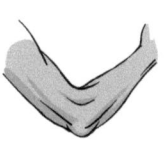

lakat
coude

nos
nez

stražnjica
fesses

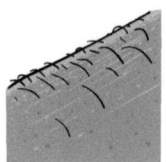

koža
peau

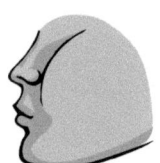

obraz
joue

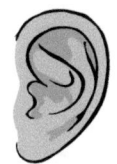

uho
oreille

usna
lèvre

usta

bouche

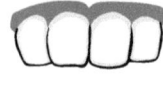

zub

dent

jezik

langue

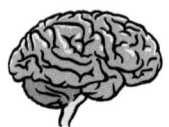

mozak

cerveau

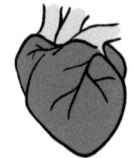

srce

cœur

mišić

muscle

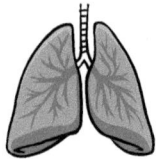

pluća

poumons

jetra

foie

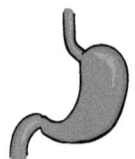

želudac

estomac

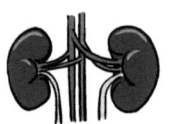

bubrezi

reins

snošaj

rapport sexuel

kondom

préservatif

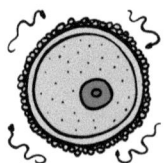

jajna stanica

ovule

sperma

sperme

trudnoća

grossesse

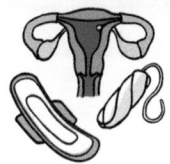

menstruacija

menstruation

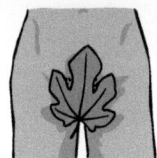

vagina

vagin

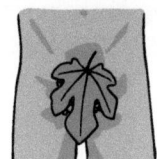

penis

pénis

obrva

sourcil

kosa

cheveux

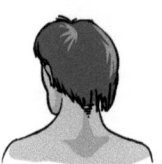

vrat

cou

bolnica
hôpital

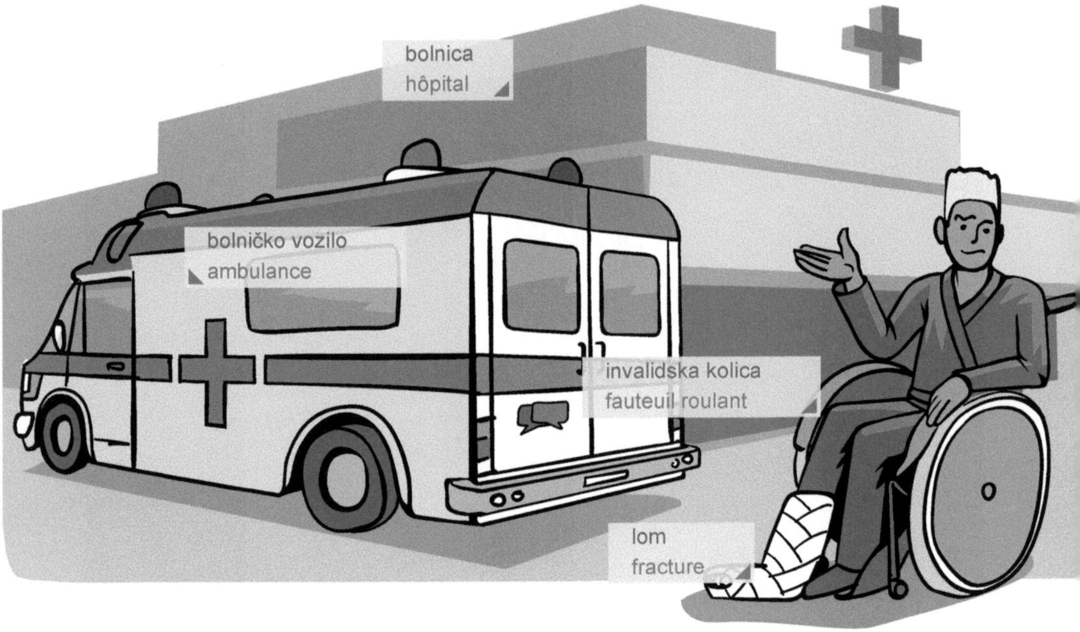

bolnica
hôpital
bolničko vozilo
ambulance
invalidska kolica
fauteuil roulant
lom
fracture

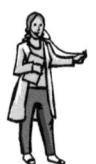

liječnik

médecin

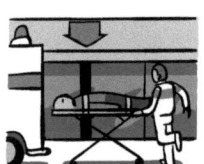

hitna medicinska služba

service des urgences

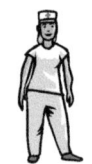

medicinska sestra

infirmière

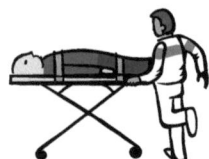

hitni slučaj

urgence

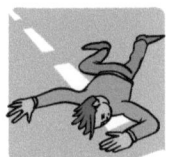

nesvijest

inconscient

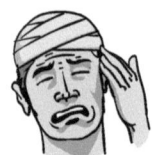

bol

douleur

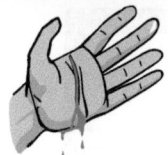

ozljeda

blessure

krvarenje

hémorragie

srćani infarkt

crise cardiaque

moždani udar

attaque cérébrale

alergija

allergie

kašalj

toux

groznica

fièvre

gripa

grippe

proljev

diarrhée

glavobolja

mal de tête

rak

cancer

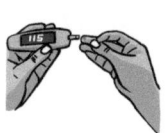

dijabetes

diabète

kirurg

chirurgien

skalpel

scalpel

operacija

opération

ct

CT

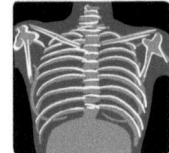

rentgen

radiographie

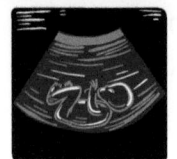

ultrazvuk

échographie

maska

masque

bolest

maladie

čekaonica

salle d'attente

štaka

béquille

flaster

pansement

zavoj

pansement

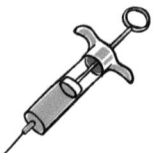

injekcija

injection

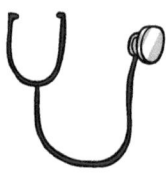

stetoskop

stéthoscope

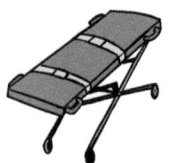

nosilo

brancard

termometar

thermomètre

rođenje

accouchement

prekomjerna težina

surcharge pondérale

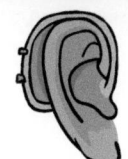

slušni aparat

appareil auditif

sredstvo za dezinfekciju

désinfectant

infekcija

infection

virus

virus

hiv / sida

VIH / sida

medicina

médicament

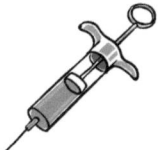

vakcinacija

vaccination

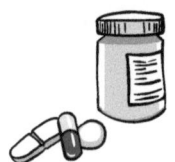

tablete

comprimés

pilula

pilule

poziv u pomoć

appel d'urgence

uređaj za mjerenje tlaka

tensiomètre

bolesno / zdravo

malade / sain

pomoć!

Au secours !

nasrtaj

assaut

alarm

alarme

napad

attaque

opasnost

danger

izlaz za nuždu

sortie de secours

požar!

Au feu!

vatrogasni aparat

extincteur

nezgoda

accident

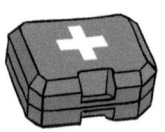

kofer prve pomoći

trousse de premier secours

sos

SOS

policija

police

Europa

Europe

sjeverna amerika

Amérique du Nord

južna amerika

Amérique du Sud

Afrika

Afrique

Azija

Asie

Australija

Australie

Atlantik

Océan atlantique

Pacifik

Océan pacifique

ocean

Océan indien

antarktički ocean

Océan antarctique

arktički ocean

Océan arctique

sjeverni pol

pôle nord

južni pol

pôle sud

Antarktik

Antarctique

zemlja

terre

zemlja

pays

more

mer

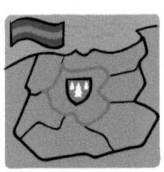

otok

île

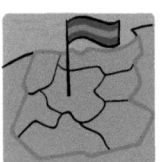

nacija

nation

država

état

brojčanik sata

cadran

satna kazaljka

aiguille des heures

minutna kazaljka

aiguille des minutes

sekundna kazaljka

aiguille des secondes

Koliko je sati?

Quelle heure est-il ?

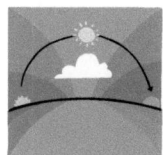

dan

jour

vrijeme

temps

sada

maintenant

digitalni sat

montre digitale

minuta

minute

sat

heure

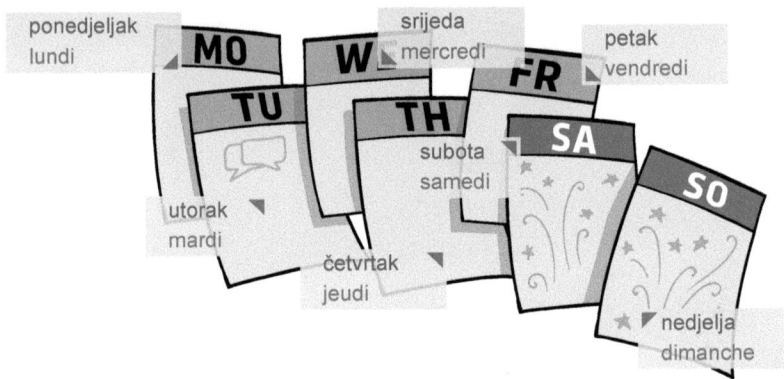

ponedjeljak
lundi

srijeda
mercredi

petak
vendredi

utorak
mardi

subota
samedi

četvrtak
jeudi

nedjelja
dimanche

jučer

hier

danas

aujourd'hui

sutra

demain

jutro

matin

podne

midi

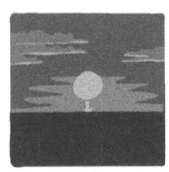

večer

soir

MO	TU	WE	TH	FR	SA	SU
1	2	3	4	5	6	7
8	9	10	11	12	13	14
15	16	17	18	19	20	21
22	23	24	25	26	27	28
29	30	31	1	2	3	4

radni dani

jours ouvrables

MO	TU	WE	TH	FR	SA	SU
1	2	3	4	5	6	7
8	9	10	11	12	13	14
15	16	17	18	19	20	21
22	23	24	25	26	27	28
29	30	31	1	2	3	4

vikend

week-end

godina
année

kiša
pluie
duga
arc-en-ciel
vjetar
vent
snijeg
neige
proljeće
printemps
ljeto
été
jesen
automne
zima
hiver

4.APRIL 11°
5.APRIL 4°
6.APRIL 13°
7.APRIL 8°
8.APRIL 10°

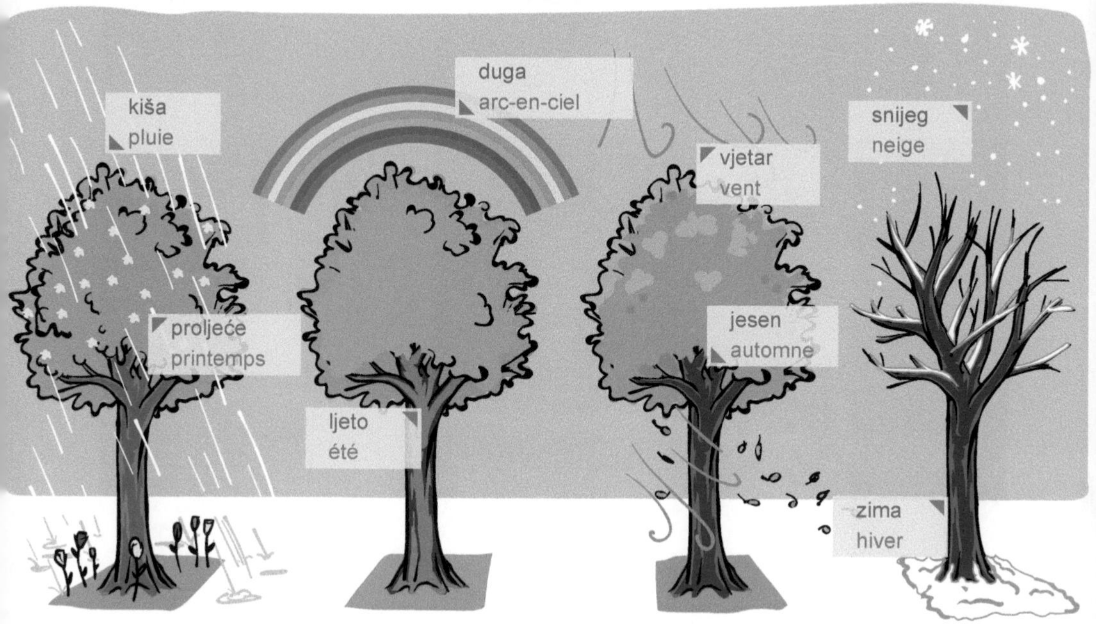

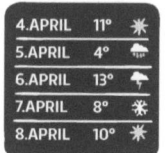

meteorološka prognoza

météo

F C
120 90 60 30 0 -30
40 30 20 10 0 -10 -20

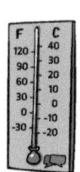

termometar

thermomètre

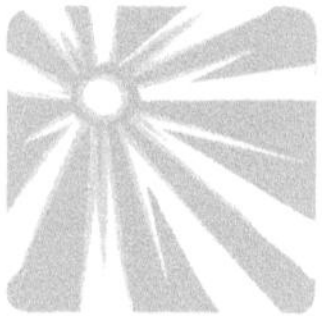

sunčana svjetlost

lumière du soleil

oblak

nuage

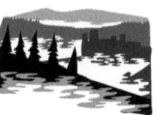

magla

brouillard

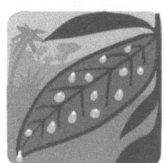

vlažnost zraka

humidité

munja

foudre

grmljavina

tonnerre

oluja

tempête

tuča

grêle

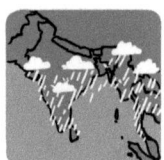

monsun

mousson

poplava

inondation

led

glace

siječanj

janvier

veljača

février

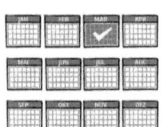

ožujak

mars

travanj

avril

svibanj

mai

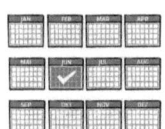

lipanj

juin

srpanj

juillet

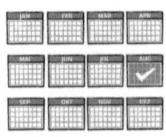

kolovoz

août

godina - année

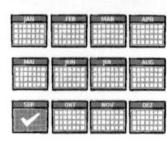

rujan
....
septembre

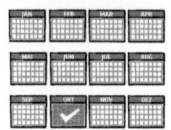

listopad
....
octobre

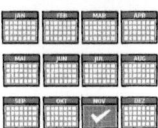

studeni
....
novembre

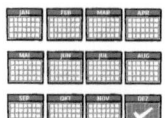

prosinac
....
décembre

krug
....
cercle

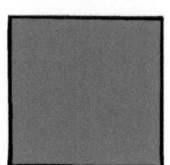

kvadrat
....
carré

pravokutnik
....
rectangle

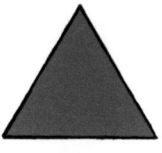

trokut
....
triangle

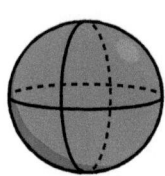

kugla
....
sphère

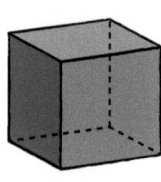

kocka
....
cube

bijela

blanc

žuta

jaune

narančasta

orange

ružičasta

rose

crvena

rouge

ljubičasta

violet

plava

bleu

zelena

vert

smeđa

marron

siva

gris

crna

noir

mnogo / malo

beaucoup / peu

ljutito / mirno

fâché / calme

lijepo / ružno

joli / laid

početak / kraj

début / fin

veliko / maleno

grand / petit

svijetlo / tamno

clair / obscure

brat / sestra

frère / soeur

čisto / prljavo

propre / sale

potpuno / nepotpuno

complet / incomplet

dan / noć

jour / nuit

mrtvo / živo

mort / vivant

široko / usko

large / étroit

jestivo / nejestivo

comestible / incomestible

zlo / dobro

méchant / gentil

uzbuđeno / dosadno

excité / ennuyé

debelo / mršavo

gros / mince

na početku / na kraju

premier / dernier

prijatelj / neprijatelj

ami / ennemi

puno / prazno

plein / vide

tvrdo / mekano

dur / souple

teško / lagano

lourd / léger

glad / žeđ

faim / soif

bolesno / zdravo

malade / sain

ilegalno / legalno

illégal / légal

pametno / glupo

intelligent / stupide

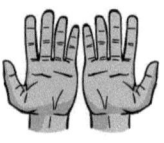

lijevo / desno

gauche / droite

blizu / daleko

proche / loin

novo / rabljeno

nouveau / usé

ništa / nešto

rien / quelque chose

staro / mlado

vieux / jeune

uključeno / isključeno

marche / arrêt

otvoreno / zatvoreno

ouvert / fermé

tiho / glasno

faible / fort

bogato / siromašno

riche / pauvre

točno / pogrešno

correct / incorrect

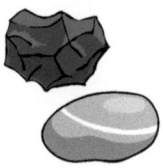

hrapavo / glatko

rugueux / lisse

tužno / sretno

triste / heureux

kratko / dugo

court / long

polako / brzo

lent / rapide

mokro / suho

mouillé / sec

toplo / hladno

chaud / froid

rat / mir

guerre / paix

0

nula

zéro

1

jedan

un / une

2

dva

deux

3

tri

trois

4

četiri

quatre

5

pet

cinq

6

šest

six

7

sedam

sept

8

osam

huit

9

devet

neuf

10

deset

dix

11

jedanaest

onze

12

dvanaest

douze

13

trinaest

treize

14

četrnaest

quatorze

15

petnaest

quinze

16

šestnaest

seize

17

sedamnaest

dix-sept

18

osamnaest

dix-huit

19

devetnaest

dix-neuf

20

dvadeset

vingt

100

stotinu

cent

1.000

tisuću

mille

1.000.000

milijun

million

engleski

anglais

američko engleski

anglais américain

kinesko mandarinski

chinois mandarin

hindi

hindi

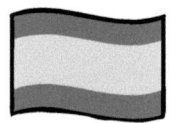

španjolski

espagnol

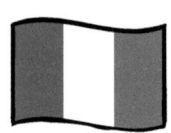

francuski

français

arapski

arabe

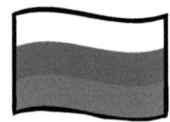

ruski

russe

portugalski

portugais

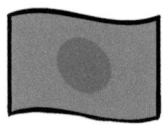

bengalski

bengali

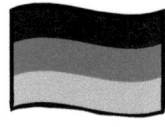

njemački

allemand

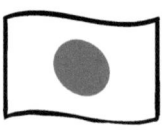

japanski

japonais

ja

je

ti

tu

on / ona / ono

il / elle / ce, c', cela

mi

nous

vi

vous

oni

ils / elles

tko?

Qui ?

što?

Quoi ?

kako?

Comment ?

gdje?

Où ?

kada?

Quand ?

ime

nom

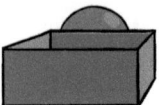

iza

derrière

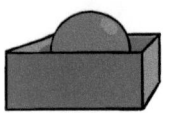

u

dans

ispred

devant

preko

au-dessus

na

sur

ispod

en-dessous

pored

à côté de

između

entre

mjesto

lieu